Hanna Renz

Winter-Muffins

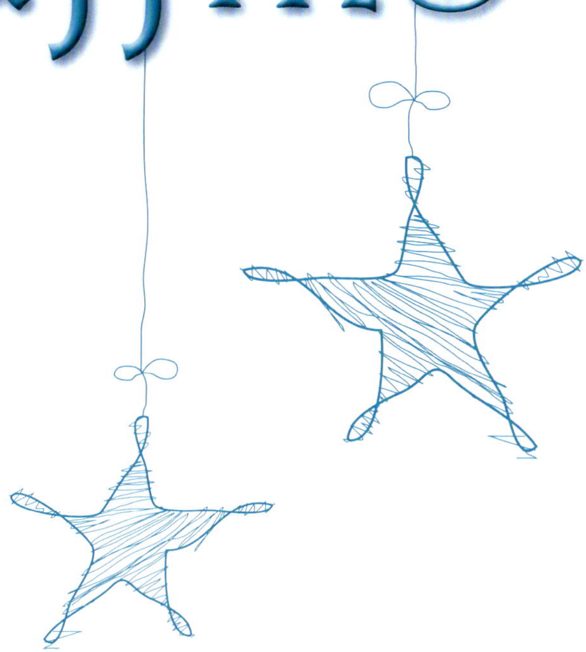

HEEL

IMPRESSUM

HEEL Verlag GmbH
Gut Pottscheidt
53639 Königswinter
Tel.: 02223 9230-0
Fax: 02223 9230-13
E-Mail: info@heel-verlag.de
www.heel-verlag.de

Autorin: Hanna Renz
Layout: Claudia Renierkens, renierkens kommunikations-design, Köln
Lektorat: Ulrike Reihn-Hamburger

Fotos: Hanna und Ulrich Renz
Mit Ausnahme von:
Studio Saller, Altensteig: 8, 10, 18, 20, 24, 26, 28, 30, 34, 36, 38, 40, 44, 46, 50, 52, 56, 58, 60, 66, 72, 80, 82, 88, 90

Printed in Slovakia

ISBN 978-3-86852-957-9

Inhalt

Hinweise und Tipps

Die kalte Jahreszeit lockt stets mit ganz besonderen Aromen. Ob Zimt, Apfel, Rosinen oder Marzipan – wenn hinter hell erleuchteten Fenstern geknetet und gebacken wird, durchzieht ein unverwechselbarer Duft das Haus.

- Die Zutaten unserer winterlichen Rezepte ergeben jeweils 12 Muffins. Möchten Sie Mini-Muffins backen, erhalten Sie mit den angegebenen Zutaten jeweils 24 Stück. Für Mini-Muffins reduziert sich die Backzeit auf etwa 15 Minuten.

- Das in den Rezepten angegebene Weizenmehl Type 405 können Sie problemlos auch durch dieselbe Menge Weizenmehl Type 550 oder feines Dinkelmehl Type 630 ersetzen.

- Bitte beachten Sie zu den Angaben der Backzeit und der -temperatur auch die Gebrauchsanweisung Ihres Backofens.

Leichter-Apfel-Muffin

ZUBEREITUNG:

Den Backofen auf 180 °C (Umluft 160 °C, Gas Stufe 2) vorheizen. Das Muffin-Backblech einfetten oder mit Papierbackförmchen auslegen.

In einer großen Schüssel die beiden Mehle gründlich mit dem Natron, dem Backpulver und dem Zimt mischen.

In einer weiteren Schüssel das Ei leicht verquirlen. Mit dem Zucker, dem Öl, dem Vanillezucker, der Buttermilch, dem Milchreis und den geriebenen Äpfeln verrühren.

Die trockenen zu den feuchten Zutaten geben und vorsichtig unterheben.

Den Teig in die Muffinform geben und auf der mittleren Backofenschiene 20–25 Minuten backen. Die Muffins etwa 5 Minuten im Backblech ruhen lassen, dann vorsichtig auf ein Kuchengitter geben und auskühlen lassen.

Für die Verzierung den Apfel in dünne Stifte schneiden und sofort mit Zitronensaft beträufeln. Aus dem Puderzucker, 2 Esslöffeln Wasser und dem Zimt eine Glasur anrühren und die Muffins damit bestreichen. Die Apfelstifte einstecken und mit den Mandelblättchen verzieren.

ZUTATEN FÜR 12 MUFFINS:

125 g	Weizenvollkornmehl
125 g	Weizenmehl Type 405
1 TL	Natron
2 TL	Backpulver
2 TL	Zimt
1	Ei
120 g	Zucker
4 EL	Öl
1 Päckchen	Vanillezucker
100 ml	Buttermilch
200 g	Fertig-Milchreis
2	Äpfel

FÜR DIE VERZIERUNG:

1	Apfel
1 TL	Zitronensaft
50 g	Puderzucker
1 Msp.	Zimt
24	Mandelblättchen

Spiegelei-Muffins

ZUBEREITUNG:

- Den Backofen auf 180 °C (Umluft 160 °C, Gas Stufe 2) vorheizen. Das Muffin-Backblech einfetten oder mit Papierbackförmchen auslegen.

- Das Mehl gründlich mit dem Backpulver, dem Natron, der Orangenschale, der Vanilleschote, den geriebenen Mandeln und dem Vanille-Puddingpulver mischen.

- Die Aprikosenhälften abtropfen lassen und 12 Stück für die Verzierung zur Seite legen. Die restlichen Aprikosen klein schneiden.

- In einer großen Schüssel das Ei leicht verquirlen. Den Zucker, die weiche Butter, den Joghurt und die kleingeschnittenen Aprikosen dazugeben und verrühren. Die Mehlmischung zur Eimasse geben und vorsichtig unterheben.

- Den Teig in die Muffinform füllen und auf der mittleren Backofenschiene 20–25 Minuten backen. Die Muffins im Backblech 5 Minuten ruhen lassen, dann herauslösen und abkühlen lassen.

- Für die Verzierung aus der Milch und dem Puddingpulver einen Pudding herstellen. Den Schmand unter den abgekühlten Pudding rühren und die Muffins damit bestreichen. Dann jeweils eine Aprikosenhälfte mit der Schnittfläche nach unten auflegen.

ZUTATEN FÜR 12 MUFFINS:

160 g	Weizenmehl Type 405
1 1/2 TL	Backpulver
1/2 TL	Natron
1 TL	Orangenschale
1	Vanilleschote
80 g	geriebene Mandeln
2 EL	Vanille-Puddingpulver
235 g	Aprikosenhälften, aus der Dose
1	Ei
120 g	Zucker
100 g	Butter
200 g	Joghurt

Für die Verzierung:

1/2 l	Milch
1 1/2 Päckchen	Vanille-Puddingpulver
3 EL	Schmand
12	Aprikosenhälften

Schwarzwälder-Muffins

ZUBEREITUNG:

❋ Den Backofen auf 180 °C (Umluft 160 °C, Gas Stufe 2) vorheizen. Das Muffin-Backblech einfetten oder mit Papierbackförmchen auslegen.

❋ Das Mehl gründlich mit dem Backpulver, dem Natron, dem Kakao und den Schokostückchen mischen.

❋ Die Butter in einem Topf schmelzen. Die Eier in eine großen Schüssel aufschlagen und leicht verquirlen. Die weiche Butter, den Zucker, die Buttermilch und die Sauerkirschen hinzugeben und gut verrühren. Die Mehlmischung zur Eimasse geben und vorsichtig unterheben.

❋ Den Teig in die Muffinform füllen und auf der mittleren Backofenschiene 20–25 Minuten backen. Die Muffins im Backblech 5 Minuten ruhen lassen, dann herauslösen und abkühlen lassen.

❋ Für die Verzierung die Muffins mit dem Kirschwasser oder Kirschsaft beträufeln. Die mit etwas Zucker aufgeschlagene Sahne aufspritzen, je eine Kirsche aufsetzen und mit Schokostreuseln bestreuen.

ZUTATEN FÜR 12 MUFFINS:

250 g	Weizenmehl Type 405
2 TL	Backpulver
½ TL	Natron
2 ½ TL	Kakaopulver
50 g	Schokoladenstückchen
2	Eier
100 g	Butter
100 g	Zucker
220 ml	Buttermilch
250 g	Sauerkirschen

FÜR DIE VERZIERUNG:

12 TL	Kirschwasser (für Kinder Kirschsaft)
200 ml	Sahne
	Zucker nach Belieben
12	Kirschen
	Schokostreusel

Quitten-Krokant-Muffins

ZUTATEN FÜR 12 MUFFINS:

150 g	Weizenmehl Type 405
1 ½ TL	Backpulver
1 TL	Natron
100 g	gemahlene Haselnüsse
1 EL	Kakaopulver
1	Ei
80 g	Butter
100 g	brauner Zucker
80 g	Rosinen
2 EL	Rum
100 g	Quittengelee
150 g	Buttermilch

FÜR DIE VERZIERUNG:

20 g	Butter
70 g	Zucker
100 g	Sahne
1 EL	Rum
150 g	gehobelte Haselnüsse
12	Haselnusskerne

ZUBEREITUNG:

Den Backofen auf 180 °C (Umluft 160 °C, Gas Stufe 2) vorheizen. Das Muffin-Backblech einfetten oder mit Papierbackförmchen auslegen.

In einer großen Schüssel das Mehl, das Backpulver, das Natron, die gemahlenen Haselnüsse und den Kakao gut miteinander vermischen.

In einer weiteren Schüssel das Ei leicht verquirlen und mit der Butter, dem Zucker, den Rosinen, dem Rum, dem Quittengelee und der Buttermilch verrühren. Die feuchten Zutaten zu den trockenen geben und vorsichtig unterheben.

Den Teig in die Muffinform füllen und auf der mittleren Backofenschiene 20–25 Minuten backen. Die Muffins noch etwa 5 Minuten im Backblech ruhen lassen, dann vorsichtig herausnehmen und auf einem Kuchengitter abkühlen lassen.

Für die Verzierung die weiche Butter mit dem Zucker unter ständigem Rühren in einer Pfanne erhitzen, bis sich der Zucker verflüssigt und goldbraun zu färben beginnt. Sofort die Sahne hinzugießen und weiterkochen, bis die Masse eindickt. Die gehobelten Haselnüsse unterziehen, die Masse noch heiß gleichmäßig auf den Muffins verteilen und mit einem Messer glatt streichen. Mit je einer ganzen Nuss verzieren.

TIPP: Nachdem die Quitte lange im Schatten ihrer Verwandten, den Äpfeln und Birnen, stand, kommt sie heute immer öfter auf den Tisch. Sie verursacht bei der Zubereitung zwar einige Mühe, schmeckt aber köstlich.

Mohn-Walnuss-Muffins

ZUBEREITUNG:

❄ Den Backofen auf 180 °C (Umluft 160 °C, Gas Stufe 2) vorheizen. Das Muffin-Backblech einfetten oder mit Papierbackförmchen auslegen.

❄ Das Mehl gründlich mit dem Backpulver, dem Natron und den gemahlenen Walnüssen mischen. In einer großen Schüssel das Ei leicht verquirlen. Mit der Mohn-Fertigmasse, dem Zucker, dem Öl, dem Sauerrahm und dem Quark mischen. Die Mehlmischung zur Eimasse geben und vorsichtig unterheben.

❄ Den Teig in die Muffinform füllen. Für die Verzierung den Quark mit dem Ei und dem Zucker verrühren und gleichmäßig auf den Muffins verteilen (dabei knapp unter dem Backformrand bleiben). In die Mitte des Quark-Belages etwas Mohnmasse platzieren und mit Walnüssen dekorieren.

❄ Auf der mittleren Backofenschiene 20–25 Minuten backen. Die Muffins im Backblech 5 Minuten ruhen lassen, dann herauslösen und abkühlen lassen.

ZUTATEN FÜR 12 MUFFINS:

200 g	Weizenmehl Type 405
2 TL	Backpulver
½ TL	Natron
50 g	gemahlene Walnüsse
1	Ei
200 g	Mohn-Fertigmasse
100 g	Zucker
80 ml	Öl
100 g	Sauerrahm
150 g	Quark

FÜR DIE VERZIERUNG:

100 g	Quark
1	Ei
40 g	Zucker
50 g	Mohn-Fertigmasse
12	halbe Walnusskerne

ZUBEREITUNG:

⁂ Den Backofen auf 180 °C (Umluft 160 °C, Gas Stufe 2) vorheizen. Das Muffin-Backblech einfetten oder mit Papierbackförmchen auslegen.

⁂ Das Giotto-Konfekt mit einer Gabel zerdrücken. Das Mehl gründlich mit dem Backpulver, dem Natron und dem Giotto-Konfekt mischen.

⁂ In einer großen Schüssel das Ei leicht verquirlen. Den Zucker, die Butter, den Schmand und den Kaffeelikör (oder Kakao) hinzugeben und verrühren. Die Mehlmischung zur Eimasse geben und vorsichtig unterheben.

⁂ Den Teig in die Muffinform füllen und auf der mittleren Backofenschiene 20–25 Minuten backen. Die Muffins im Backblech 5 Minuten ruhen lassen, dann herauslösen und abkühlen lassen.

Vielerlei Schoko-Muffins

Für die Verzierung die dunkle Kuvertüre im Wasserbad schmelzen und die weiße Fettglasur in einem zweiten Topf mit etwas Wasser erhitzen. Das Obst waschen, trocken tupfen und in die flüssige Kuvertüre oder die Fettglasur tauchen.

Die gewaschenen und getrockneten Blätter mit der flüssigen Schokolade beträufeln und zum Aushärten in den Kühlschrank legen. Anschließend die Blätter vorsichtig von der Schokolade trennen.

Die Ausstechförmchen auf eine Frischhaltefolie oder Dauerbackfolie mit fester Unterlage legen, eine dünne Schicht flüssige Schokolade eingießen und mit weißer Schokolade Punkte, dünne Streifen oder Gitter darüber träufeln oder gießen. Nach dem Aushärten die Schokofiguren vorsichtig aus den Formen lösen.

Muster und Fantasieformen mit flüssiger Schokolade auf eine Dauerbackfolie gießen und erstarren lassen.

Die Hauben der Muffins mit flüssiger Schokolade überziehen. Einige der Muffins mit umhüllten Früchten verzieren, solange die Schokolade noch warm ist.

Die Sahne mit dem Vanillezucker, dem Sahnefestiger und dem gesiebten Kakao steif schlagen. Die Schokosahne in einen Spritzbeutel mit Sterntülle füllen und auf die übrigen Muffins spritzen. Mit den selbstgemachten Schokoladendekorationen und den restlichen Früchten verzieren.

ZUTATEN FÜR 12 MUFFINS:

250 g	Weizenmehl Type 405
2 TL	Backpulver
1/2 TL	Natron
100 g	Giotto-Konfekt
1	Ei
100 g	Zucker
80 g	Butter
250 g	Schmand
50 ml	Kaffeelikör (für Kinder Kakao)

FÜR DIE VERZIERUNG:

100 g	Vollmilch- oder Zartbitterkuvertüre
100 g	weiße Fettglasur
	Früchte der Saison, z. B. Trauben, Physalis, Kiwi
	Efeu- oder andere Blätter
	Ausstechförmchen

FÜR DIE VERZIERUNG:

200 g	Sahne
1 Päckchen	Vanillezucker
1 Päckchen	Sahnefestiger
3 EL	Kakao

Apfel-Sanddorn-Muffins

ZUBEREITUNG:

❋ Den Backofen auf 180 °C (Umluft 160 °C, Gas Stufe 2) vorheizen. Das Muffins-Backblech einfetten oder mit Papierbackförmchen auslegen.

❋ In einer großen Schüssel das Mehl, das Backpulver und das Natron gut miteinander vermischen.

❋ In einer weiteren Schüssel die Eier leicht verquirlen und mit dem Öl, dem Zucker, dem Vanillezucker, dem Sanddornsaft, der Buttermilch und den kleingeschnittenen Äpfeln verrühren. Die feuchten Zutaten zu den trockenen geben und vorsichtig unterheben.

❋ Den Teig in die Muffinform geben und auf der mittleren Backofenschiene 20–25 Minuten backen. Die Muffins im Backblech 5 Minuten ruhen lassen, dann herauslösen und auf einem Kuchengitter abkühlen lassen.

❋ Für die Verzierung den Puderzucker, den Zimt, den Sanddorn- und den Zitronensaft klümpchenfrei verrühren und die Muffins damit bestreichen. Die Muffindeckel mit einem Messer vorsichtig einstechen und kleine Papiergänse einstecken – oder einfach mit Mandelplättchen verzieren.

ZUTATEN:

200 g	Weizenmehl Type 405
1 ½ TL	Backpulver
1 TL	Natron
2	Eier
80 ml	Pflanzenöl
90 g	brauner Zucker
1 Päckchen	Vanillezucker
60 ml	Sanddorndicksaft
100 ml	Buttermilch
2	Äpfel

FÜR DIE VERZIERUNG:

150 g	Puderzucker
½ TL	Zimt
1 EL	Sanddorndicksaft
3 EL	Zitronensaft

Reis-Rosinen-Muffins

ZUBEREITUNG:

Den Backofen auf 180 °C (Umluft 160 °C, Gas Stufe 2) vorheizen. Das Muffin-Backblech einfetten oder mit Papierbackförmchen auslegen.

Den Reis ohne Salz nach Anleitung gar kochen und abkühlen lassen. In einer Schüssel das Mehl, den Reis, das Backpulver, das Natron, die Rosinen und die Kokosflocken mischen.

In einer großen Schüssel die Eier leicht verquirlen. Den Zucker, die weiche Butter, den Joghurt und die gehackte Minze zugeben und vermengen. Die Mehlmischung zur Eimasse geben und vorsichtig unterheben.

Den Teig in die Muffinform füllen und auf der mittleren Backofenschiene 20–25 Minuten backen. Die Muffins im Backblech 5 Minuten ruhen lassen, dann herauslösen und abkühlen lassen.

Die Sahne mit dem Festiger und dem Zucker steif schlagen, mit einer Spritztülle auf die erkalteten Muffins spritzen und mit Rosinen bestreuen.

TIPP: Der besondere Nachtisch für die asiatische Küche.

ZUTATEN FÜR 12 MUFFINS:

120 g	Basmati-Reis
170 g	Weizenmehl Type 405
2 TL	Backpulver
½ TL	Natron
90 g	Rosinen
50 g	Kokosflocken
2	Eier
120 g	Zucker
100 g	Butter
200 g	Joghurt
2 EL	Minze

FÜR DIE VERZIERUNG:

1 Becher	Schlagsahne
1 Päckchen	Sahnefestiger
	Zucker nach Geschmack
50 g	Rosinen

Nikolaus-Muffins

ZUBEREITUNG:

✳ Den Backofen auf 180 °C (Umluft 160 °C, Gas Stufe 2) vorheizen. Das Muffin-Backblech fetten.

✳ Das Mehl gründlich mit dem Kakao, dem Backpulver, den Mandeln und den Gewürzen mischen. In einer großen Schüssel die Eier leicht verquirlen. Den Honig, die Butter und den Vanillezucker langsam erwärmen. Die Masse zusammen mit der Aprikosenkonfitüre, dem Bittermandelöl, dem Rum-Aroma und den Rosinen zu den Eiern geben und verrühren. Die Mehlmischung ebenfalls zur Eimasse geben und vorsichtig unterheben.

✳ Den Teig in die Muffinform geben und auf der mittleren Backofenschiene 20–25 Minuten backen. Die Muffins noch etwa 5 Minuten im Backblech ruhen lassen, dann vorsichtig auf ein Kuchengitter geben und auskühlen lassen.

✳ Für die Verzierung die Rocher-Kugeln als Kopf mit einem Zahnstocher an den Muffins befestigen. Die Marzipan-Rohmasse mit dem Puderzucker vermengen, auf einer mit etwas Puderzucker bestreuten Arbeitsfläche auswellen und Mützen und Bärte ausschneiden. Zuerst den Bart, dann die Mütze am Kopf ansetzen (soll sie stehen, vorher einen Zahnstocher einstecken). 2 Mandelhälften mit Marzipan als Schnurrbart ansetzen. Aus Marzipan die Augen und die Nase formen und ansetzen. Die Mütze dünn mit roter Lebensmittelfarbe bestreichen. Die Augen mit einem Klecks flüssiger Vollmilch-Kuvertüre fertigstellen.

ZUTATEN FÜR 12 MUFFINS:

350 g	Weizenmehl Type 405
2 EL	Kakaopulver
2 TL	Backpulver
100 g	gehackte Mandeln
2 TL	Zimt
1 Msp.	gemahlenen Nelken
1 Msp.	Kardamon
2	Eier
230 g	Honig
160 g	Butter
1 Päckchen	Vanillezucker
2 EL	Aprikosenkonfitüre
3 Tropfen	Bittermandelöl
1 Fläschchen	Rum-Aroma
150 g	Rosinen

FÜR DIE VERZIERUNG:

200 g	Marzipan-Rohmasse
100 g	Puderzucker
12	Rocher-Kugeln
	rote Lebensmittelfarbe
	geschälte Mandelhälften
	Vollmilch-Kuvertüre

Spekulatius-Mokka-Muffins

ZUTATEN FÜR 12 MUFFINS:

150 g	Weizenmehl Type 405
100 g	Spekulatius
60 g	gemahlene Mandeln
1 TL	Spekulatiusgewürz
2 TL	Backpulver
½ TL	Natron
2	Eier
120 g	brauner Zucker
100 g	Butter
150 g	Joghurt
80 ml	starker Kaffee (Mokka)

FÜR DIE VERZIERUNG:

100 g	Puderzucker
2 TL	Instantkaffeepulver
12	Mini-Spekulatius

ZUBEREITUNG:

☆ Den Backofen auf 180 °C (Umluft 160 °C, Gas Stufe 2) vorheizen. Das Muffin-Backblech einfetten oder mit Papierbackförmchen auslegen.

☆ Den Spekulatius zerbröseln, sorgfältig mit dem Mehl, den Mandeln, dem Gewürz, dem Backpulver und dem Natron mischen.

☆ In einer großen Schüssel die Eier leicht verquirlen. Den Zucker, die weiche Butter, den Joghurt und den Kaffee unterrühren. Die Mehlmischung zufügen und vorsichtig unterheben.

☆ Den Teig in die Muffinform geben und auf der mittleren Backofenschiene 20–25 Minuten backen. Die Muffins etwa 5 Minuten im Backblech ruhen lassen, dann vorsichtig auf ein Kuchengitter geben und auskühlen lassen.

☆ Für die Glasur den Puderzucker und das Kaffeepulver mit 1 Esslöffel Wasser verrühren und mit einem Pinsel auf die Muffins streichen. Mit Mini-Spekulatius verzieren.

Hütten-Muffins

ZUBEREITUNG:

Den Backofen auf 180 °C (Umluft 160 °C, Gas Stufe 2) vorheizen. Das Muffin-Backblech einfetten oder mit Papierbackförmchen auslegen.

Die Butterkekse zerbröseln. Das Mehl, den Kakao, die Schokotröpfchen, das Backpulver und das Natron untermischen.

In einer großen Schüssel das Ei leicht verquirlen. Den Zucker, die weiche Butter und die Buttermilch unterrühren. Die Mehlmischung zufügen und vorsichtig unterheben.

Den Teig in die Muffinform geben und auf der mittleren Backofenschiene 20–25 Minuten backen. Die Muffins etwa 5 Minuten im Backblech ruhen lassen, dann vorsichtig auf ein Kuchengitter geben und auskühlen lassen.

Für die Verzierung die Kuvertüre im Wasserbad schmelzen. Die Muffinhäubchen eintauchen und die Schokolade antrocknen lassen. Jeweils 1 Dominostein oder 1 Praline auf die Muffins setzen. Dann 2 Butterkekse als Dach darauf setzen. Bei Bedarf mit der Kuvertüre aneinanderkleben und mit Puderzucker bestreuen.

ZUTATEN FÜR 12 MUFFINS:

100 g	Butterkekse
150 g	Weizenmehl Type 405
1 EL	Kakaopulver
60 g	Schokotröpfchen
1 ½ TL	Backpulver
½ TL	Natron
1	Ei
100 g	Zucker
100 g	Butter
200 g	Buttermilch

FÜR DIE VERZIERUNG:

100 g	Vollmilch-Kuvertüre
24	kleine Dominosteine oder Pralinen
48	Mini-Schoko-Butterkekse
	Puderzucker

Lebkuchen-Muffins

ZUBEREITUNG:

Den Backofen auf 180 °C (Umluft 160 °C, Gas Stufe 2) vorheizen. Das Muffin-Backblech einfetten oder mit Papierbackförmchen auslegen.

Die Schokoladen-Lebkuchen, das Orangeat und das Zitronat klein schneiden und gründlich mit dem Mehl, den Mandeln, den Gewürzen, dem Backpulver und dem Natron mischen.

In einer großen Schüssel das Ei leicht verquirlen. Den Honig, das Öl, die saure Sahne, die Milch und den Zucker sorgfältig unterrühren. Die Mehlmischung dazugeben und vorsichtig unterheben.

Den Teig in die Muffinform geben und auf der mittleren Backofenschiene 20–25 Minuten backen. Die Muffins noch etwa 5 Minuten im Backblech ruhen lassen, dann vorsichtig auf ein Kuchengitter geben und auskühlen lassen.

Für die Verzierung die Butter zusammen mit dem Honig und dem Zimt erwärmen und mit einem Pinsel dick auf die Muffins streichen. Die geschälten Mandeln sternförmig auf die Muffins legen und in die Mitte eine kandierte Frucht setzen.

ZUTATEN FÜR 12 MUFFINS:

200 g	Schokoladen-Lebkuchen
60 g	Orangeat
60 g	Zitronat
125 g	Weizenmehl Type 405
60 g	gehackte Mandeln
1 TL	Zimt
1 Prise	gemahlener Kardamon
2 TL	Backpulver
½ TL	Natron
1	Ei
50 g	flüssiger Honig
60 ml	Pflanzenöl
150 g	saure Sahne
80 ml	Milch
70 g	Zucker

FÜR DIE VERZIERUNG:

100 g	Butter
25 g	Honig
1 TL	Zimt
100 g	geschälte Mandeln
50 g	kandierte Früchte

Schoko-Schicht-Muffins

ZUBEREITUNG:

❋ Das Muffin-Backblech einfetten. Das Kokosfett in einem Kochtopf zerlassen.

❋ In einer großen Rührschüssel die Eier mit dem Kokosfett, dem Puderzucker, dem Vanillezucker und dem gesiebten Kakao verrühren. Die Masse stehen lassen, bis sie fest zu werden beginnt.

❋ In die Blechvertiefungen jeweils 1 Keks geben. Von der Schokoladenmasse jeweils 1 schwach gehäuften Esslöffel auf den Keksen verteilen. Abwechselnd Kekse und Masse schichtweise in die Vertiefungen geben und mit einem Keks abschließen. Die abgedeckte Backform in den Kühlschrank geben und die Muffins 3 Stunden auskühlen lassen.

❋ Das Backblech auf eine Platte stürzen. Auf die gestürzte Form ein heißes, feuchtes Tuch legen, damit sich die Muffins besser aus der Form lösen.

ZUTATEN FÜR 12 MUFFINS:

250 g	Kokosfett
2	Eier
130 g	Puderzucker
1 Päckchen	Vanillezucker
50 g	Kakaopulver
300 g	runde Kekse (4 Kekse pro Muffin)

Karamell-Walnuss-Muffins

ZUBEREITUNG:

Den Backofen auf 180 °C (Umluft 160 °C, Gas Stufe 2) vorheizen. Das Muffin-Backblech einfetten oder mit Papierbackförmchen auslegen.

Das Mehl gründlich mit dem Backpulver und dem Zucker mischen. In einer großen Schüssel das Ei leicht verquirlen. Die weiche Butter, das Bittermandelöl und die saure Sahne mit dem Ei mischen. Die Mehlmischung zur Eimasse geben und vorsichtig unterheben.

Den Teig in die Muffinform geben und auf der mittleren Backofenschiene 20–25 Minuten backen. Die Muffins im Backblech 5 Minuten ruhen lassen, dann herauslösen und abkühlen lassen.

Für die Verzierung aus dem Vanille-Puddingpulver, dem Zucker, dem Salz und der Milch einen Pudding kochen. Nach dem Abkühlen die Butter unterrühren und die Creme auf die erkalteten Muffins streichen.

Für das Walnusskaramell den Zucker in einem kleineren Topf erhitzen, bis er sich zu bräunen beginnt. Dann die Butter zufügen und die grob gehackten Walnüsse untermengen. Das Ganze leicht abkühlen lassen, dann auf den Muffins verteilen.

ZUTATEN FÜR 12 MUFFINS:

200 g	Weizenmehl Type 405
½ TL	Backpulver
100 g	Zucker
2	Eier
125 g	Butter
3 Tropfen	Bittermandelöl
175 g	saure Sahne

FÜR DIE VERZIERUNG:

1 Päckchen	Vanille-Puddingpulver
50 g	Zucker
1 Prise	Salz
250 ml	Milch
100 g	Butter

FÜR DAS WALNUSSKARAMELL:

250 g	Walnusskerne
100 g	Butter
100 g	Zucker

Domino-Muffins

ZUBEREITUNG:

❄ Den Backofen auf 180 °C (Umluft 160 °C, Gas Stufe 2) vorheizen. Das Muffin-Backblech einfetten.

❄ Das Mehl sorgfältig mit den Haselnüssen, dem Backpulver und dem Natron mischen. In einer großen Schüssel das Ei leicht verquirlen und mit dem Zucker, der Sahne, dem Öl, der Buttermilch und dem kleingeschnittenen Nugat mischen. Die Mehlmischung zufügen und vorsichtig unterheben.

❄ Den Teig in die Muffinform geben und auf der mittleren Backofenschiene 20–25 Minuten backen. Die Muffins etwa 5 Minuten im Backblech ruhen lassen, dann vorsichtig auf ein Kuchengitter geben und auskühlen lassen.

❄ Die Muffins zweimal quer durchschneiden. Das Marzipan ausrollen und 12 Kreise ausstechen. Die Muffinböden mit der Aprikosenmarmelade bestreichen und in die Muffinform legen. Das Mittelstück der Muffins mit den Marzipankreisen belegen und auf die Muffinböden in die Form geben, dann die Muffindeckel aufsetzen. Im Kühlschrank abgedeckt etwa 2 Stunden erkalten lassen, dann aus der Form nehmen. Die Kuvertüre im Wasserbad schmelzen und die Muffins damit bestreichen.

ZUTATEN FÜR 12 MUFFINS:

200 g	Weizenmehl Type 405
50 g	gemahlene Haselnüsse
2 TL	Backpulver
½ TL	Natron
1	Ei
80 g	Zucker
50 ml	Sahne
40 ml	Pflanzenöl
100 ml	Buttermilch
150 g	Nugat

FÜR DIE VERZIERUNG:

200 g	Marzipan
200 g	Aprikosenmarmelade
100 g	Vollmilch-Kuvertüre

Punsch-Muffins

ZUTATEN FÜR 12 MUFFINS:

250 g	Weizenmehl Type 405
½ TL	Zimt
1 Msp.	Nelkenpulver
1 TL	Zitronenschale
1 TL	Orangenschale
1 EL	Zitronensaft
1 EL	Orangensaft
1 ½ TL	Backpulver
½ TL	Natron
1	Ei
100 g	Zucker
60 ml	Pflanzenöl
100 ml	Rotwein
150 g	saure Sahne

ZUM BETRÄUFELN:

8 EL	Rotwein

FÜR DIE VERZIERUNG:

150 g	Puderzucker
3 EL	Rotwein
1–2 EL	Zitronensaft

ZUBEREITUNG:

Den Backofen auf 180 °C (Umluft 160 °C, Gas Stufe 2) vorheizen. Das Muffin-Backblech einfetten oder mit Papierbackförmchen auslegen.

Das Mehl, die Gewürze, die Zitronen- und Orangenschale, das Backpulver und das Natron sorgfältig mischen.

In einer großen Schüssel das Ei leicht verquirlen. Den Zucker, das Öl, den Zitronen- und Orangensaft, den Rotwein und die saure Sahne unterrühren. Die Mehlmischung dazugeben und vorsichtig unterheben.

Den Teig in die Muffinform geben und auf der mittleren Backofenschiene 20–25 Minuten backen. Die Muffins etwa 5 Minuten im Backblech ruhen lassen, dann vorsichtig auf ein Kuchengitter geben und auskühlen lassen. Mit einer Gabel vorsichtig kleine Löcher einstechen, dann mit dem Rotwein beträufeln.

Für die Verzierung 100 g Puderzucker mit dem Rotwein glattrühren und die Muffinhäubchen damit bestreichen. Den übrigen Puderzucker mit dem Zitronensaft verrühren und als Muster auf die Glasur spritzen.

Orangen-Kokos-Muffins

ZUBEREITUNG:

* Den Backofen auf 180 °C (Umluft 160 °C, Gas Stufe 2) vorheizen. Das Muffin-Backblech einfetten oder mit Papierbackförmchen auslegen.

* Das Mehl, die Kokosraspel, die Orangenschale, das Orangeat, das Backpulver und das Natron vermengen.

* In einer großen Schüssel das Ei leicht verquirlen. Den Zucker, die weiche Butter, den Orangensaft, den Joghurt und den Rum unterrühren. Die Mehlmischung zufügen und vorsichtig unterheben.

* Den Teig in die Muffinform geben und auf der mittleren Backofenschiene 20–25 Minuten backen. Die Muffins etwa 5 Minuten im Backblech ruhen lassen, dann vorsichtig auf ein Kuchengitter geben und auskühlen lassen.

* Für die Verzierung den Frischkäse, den Puderzucker und den Zitronensaft vermengen. Die Muffins damit bestreichen, mit den Kokosraspeln und den Zuckerperlen bestreuen und die Raffaello-Kugeln aufsezten.

ZUTATEN FÜR 12 MUFFINS:

200 g	Weizenmehl Type 405
50 g	Kokosraspel
	Schale 1 Orange
50 g	Orangeat
1 ½ TL	Backpulver
½ TL	Natron
1	Ei
80 g	Zucker
100 g	Butter
100 ml	Orangensaft
150 g	Joghurt
1 EL	Rum

FÜR DIE VERZIERUNG:

150 g	Frischkäse
70 g	Puderzucker
2–3 EL	Zitronensaft
100 g	Kokosraspel
24	Raffaello
	Zuckerperlen

Feigen-Muffins

ZUBEREITUNG:

❄ Den Backofen auf 180 °C (Umluft 160 °C, Gas Stufe 2) vorheizen. Das Muffin-Backblech einfetten oder mit Papierbackförmchen auslegen.

❄ Das Mehl sorgfältig mit dem Zimt, dem Backpulver und dem Natron mischen. In einer großen Schüssel das Ei leicht verquirlen. Den Zucker, das Öl, den Joghurt und die kleingeschnittenen Feigen gründlich unterrühren. Die Mehlmischung zur Eimasse geben und vorsichtig unterheben.

❄ Je einen Esslöffel Teig in die Backblechvertiefungen setzen, dann je eine Feige darauf setzen und den restlichen Teig über die Feigen geben. Auf der mittleren Backofenschiene 20–25 Minuten backen. Die Muffins 5 Minuten im Bachblech ruhen lassen, dann herauslösen und abkühlen lassen.

ZUTATEN FÜR 12 MUFFINS:

250 g	Weizenmehl Type 405
½ TL	Zimt
½ TL	Natron
2 TL	Backpulver
1	Ei
100 g	Zucker
60 ml	Pflanzenöl
230 g	Naturjoghurt
100 g	Feigen
12	ganze Feigen

Apfelbrot-Muffins

ZUBEREITUNG:

* Die Äpfel in kleine Stücke schneiden, mit dem Zucker bestreuen und über Nacht stehen lassen.

* Den Backofen auf 180 °C (Umluft 160 °C, Gas Stufe 2) vorheizen. Das Muffin-Backblech einfetten oder mit Papierbackförmchen auslegen.

* Das Mehl sorgfältig mit den grob gehackten Nüssen, dem Kakao, dem Gewürz und dem Backpulver mischen.

* Die Rosinen, den Kirschgeist und die Buttermilch zu den Apfelstückchen geben und gut verrühren. Die Mehlmischung zufügen und vorsichtig unterheben.

* Den Teig in die Muffinform geben und auf der mittleren Backofenschiene 20–25 Minuten backen. Die Muffins etwa 5 Minuten im Backblech ruhen lassen, dann vorsichtig auf ein Kuchengitter geben und auskühlen lassen.

* Für die Verzierung den Puderzucker mit dem Kirschgeist verrühren und die Muffins damit bestreichen. Mit den Apfelringen verzieren und jeweils einen Sternanis in die Mitte legen.

TIPP: Schneiden Sie die Muffins in Scheiben und bestreichen Sie sie mit Butter – so schmecken sie besonders lecker.

ZUTATEN FÜR 12 MUFFINS:

250 g	Weizenmehl Type 405
100 g	Haselnüsse
1 EL	Kakaopulver
2 EL	Lebkuchengewürz oder Nelken mit Zimt
2 TL	Backpulver
400 g	Äpfel
100 g	Zucker
100 g	Rosinen
3 EL	Kirschgeist
100 ml	Buttermilch

FÜR DIE VERZIERUNG:

100 g	Puderzucker
1 TL	Kirschgeist
12	getrocknete Apfelringe
12	Sternanis

Birnen-Schoko-Muffins

ZUBEREITUNG:

Den Backofen auf 180 °C (Umluft 160 °C, Gas Stufe 2) vorheizen. Das Muffin-Backblech einfetten oder mit Papierbackförmchen auslegen.

Das Mehl sorgfältig mit den Haferflocken, den Mandeln, dem Anis, den Schokoraspeln, dem Backpulver und dem Natron mischen.

In einer großen Schüssel das Ei leicht verquirlen. Den Zucker, die zerlassene Butter, die saure Sahne und die kleingeschnittenen Birnen unterrühren. Die Mehlmischung dazugeben und vorsichtig unterheben.

Den Teig in die Muffinform geben und auf der mittleren Backofenschiene 20–25 Minuten backen. Die Muffins noch etwa 5 Minuten im Backblech ruhen lassen, dann vorsichtig auf ein Kuchengitter geben und auskühlen lassen.

Für die Verzierung den Frischkäse mit dem Puderzucker glattrühren und die Muffins bestreichen. Eine birnenförmige Schablone ausschneiden und auf die Mitte der Muffins legen. Das Kakaopulver darüber streuen, die Schablone abziehen und aus Pistazien „Blätter" und „Blüte" aufsetzen.

ZUTATEN FÜR 12 MUFFINS:

100 g	Weizenmehl Type 405
100 g	feine Haferflocken
50 g	gehackte Mandeln
½ TL	gemahlener Anis
100 g	Schokoraspel
2 TL	Backpulver
½ TL	Natron
1	Ei
100 g	Zucker
100 g	Butter
150 g	saure Sahne
200 g	weiche Birnen

FÜR DIE VERZIERUNG:

200 g	Frischkäse
80 g	Puderzucker
40 g	Kakaopulver
100 g	Pistazienkerne

Dattel-Muffins

ZUBEREITUNG:

❄ Den Backofen auf 180 °C (Umluft 160 °C, Gas Stufe 2) vorheizen. Das Muffin-Backblech einfetten oder mit Papierbackförmchen auslegen.

❄ Das Mehl sorgfältig mit den gehackten Walnusskernen, den Gewürzen, dem Backpulver und dem Natron mischen.

❄ In einer großen Schüssel das Ei leicht verquirlen. Die zerlassene Butter, den Honig, die Buttermilch, den Vanillezucker, den Rum und die kleingeschnittenen Trockenfrüchte beifügen und gut vermischen. Die Mehlmischung zufügen und vorsichtig unterheben.

❄ Den Teig in die Muffinform geben und auf der mittleren Backofenschiene 20–25 Minuten backen. Die Muffins noch etwa 5 Minuten im Backblech ruhen lassen, dann vorsichtig auf ein Kuchengitter geben und auskühlen lassen.

❄ Für die Verzierung die Datteln aufschneiden, den Kern entfernen stattdessen mit Marzipan füllen. Die Kuvertüre im Wasserbad schmelzen. Die Datteln mit dem hinteren Drittel in die Kuvertüre tauchen und noch warm auf die Muffins setzen.

ZUTATEN FÜR 12 MUFFINS:

250 g	Weizenmehl Type 405
80 g	Walnusskerne
½ TL	Zimt
½ TL	gemahlener Ingwer
1 TL	Backpulver
½ TL	Natron
1	Ei
120 g	Butter
100 g	Honig
150 ml	Buttermilch
1 Päckchen	Vanillezucker
1 EL	Rum
50 g	getrocknete Aprikosen
80 g	getrocknete Datteln

FÜR DIE VERZIERUNG:

12	Datteln
50 g	Marzipan
100 g	Zartbitter-Kuvertüre

Apfelriemchen-Muffins

ZUTATEN FÜR 12 MUFFINS:

250 g	Weizenmehl Type 405
125 g	Butter
65 g	Zucker
1	Ei
1	Eigelb

FÜR DIE FÜLLUNG:

5	mittelgroße Äpfel
100 g	Rosinen
80 g	Zucker

ZUBEREITUNG:

❄ Den Backofen auf 180 °C (Umluft 160 °C, Gas Stufe 2) vorheizen. Das Muffin-Backblech einfetten oder mit Papierbackförmchen auslegen.

❄ Das Mehl mit der Butter, dem Zucker und dem Ei zu einem Mürbeteig kneten. Aus der Hälfte des Teigs Kugeln formen, diese in die Backblechvertiefungen geben und als Boden und Wand andrücken.

❄ Die Äpfel schälen, das Kernhaus entfernen und das Fruchtfleisch raspeln. Mit den Rosinen und dem Zucker mischen. Die Apfelmasse in die Teigmulden verteilen.

❄ Den restlichen Teig auf einer leicht bemehlten Unterlage ausrollen und in etwa ½ cm breite Streifen schneiden. Die Streifen als Gitter über die Muffins legen und mit dem Eigelb bestreichen.

❄ Auf der mittleren Backofenschiene 20–25 Minuten backen. Die Muffins anschließend im Backblech abkühlen lassen.

Sternfrucht-Muffins

ZUBEREITUNG:

Den Backofen auf 180 °C (Umluft 160 °C, Gas Stufe 2) vorheizen. Das Muffin-Backblech einfetten oder mit Papierbackförmchen auslegen.

Das Mehl gründlich mit den Mandeln, dem Zimt, dem Backpulver und dem Natron mischen. In einer großen Schüssel das Ei leicht verquirlen. Den Zucker, das Öl, die Buttermilch, den Rum und die kleingeschnittene Sternfrucht gut unterrühren. Die Mehlmischung zur Eimasse geben und vorsichtig unterheben.

Den Teig in die Muffinform geben und auf der mittleren Backofenschiene 20–25 Minuten backen. Die Muffins noch etwa 5 Minuten im Backblech ruhen lassen, dann vorsichtig auf ein Kuchengitter geben und auskühlen lassen.

Für die Verzierung den Frischkäse mit dem gesiebten Puderzucker, dem Zimt und dem Zitronensaft glattrühren. Die Glasur auf die Muffins spritzen und mit den Sternfruchtscheiben verzieren.

ZUTATEN FÜR 12 MUFFINS:

200 g	Weizenmehl Type 405
100 g	gemahlene Mandeln
½ TL	Zimt
1 TL	Backpulver
1 TL	Natron
1	Ei
100 g	Zucker oder flüssiger Honig
60 ml	Pflanzenöl
250 ml	Buttermilch
2 EL	Rum
1	kleine Sternfrucht

FÜR DIE VERZIERUNG:

250 g	Frischkäse
50 g	Puderzucker
½ TL	Zimt
2 TL	Zitronensaft
12	Sternfruchtscheiben

Spitzbuben-Muffins

ZUBEREITUNG:

★ Den Backofen auf 180 °C (Umluft 160 °C, Gas Stufe 2) vorheizen. Das Muffin-Backblech einfetten oder mit Papierbackförmchen auslegen.

★ Das Mehl sorgfältig mit den Walnüssen, dem Backpulver und dem Natron mischen. In einer großen Schüssel das Ei leicht verquirlen. Den Zucker, den Vanillezucker, das Öl, die Buttermilch und den Rum zufügen und gut verrühren. Die Mehlmischung zur Eimasse geben und vorsichtig unterheben.

★ Den Teig in die Muffinform geben und auf der mittleren Backofenschiene 20–25 Minuten backen. Die Muffins etwa 5 Minuten im Backblech ruhen lassen, dann vorsichtig auf ein Kuchengitter geben und auskühlen lassen.

★ Für die Verzierung das obere Drittel der Muffins abschneiden. Mit einem Ausstechförmchen eine beliebige Form ausstechen. Den Muffinkörper dick mit Marmelade bestreichen, den Deckel wieder aufsetzen und mit Puderzucker bestreuen.

ZUTATEN FÜR 12 MUFFINS:

200 g	Weizenmehl Type 405
100 g	gemahlene Walnüsse
1 ½ TL	Backpulver
½ TL	Natron
1	Ei
120 g	brauner Zucker
1 Päckchen	Vanillezucker
80 ml	Öl
250 ml	Buttermilch
2 EL	Rum

FÜR DIE VERZIERUNG:

150 g	rote Marmelade
50 g	Puderzucker

Stollen-Muffins

ZUBEREITUNG:

✳ Den Backofen auf 180 °C (Umluft 160 °C, Gas Stufe 2) vorheizen. Das Muffin-Backblech einfetten oder mit Papierbackförmchen auslegen.

✳ Das Mehl sorgfältig mit den Mandeln, dem Orangeat, dem Zitronat, dem Zimt, dem Natron und dem Backpulver mischen. In einer großen Schüssel das Ei leicht verquirlen. Den Zucker, die weiche Butter, die Rum-Rosinen und den Joghurt sorgfältig unterheben. Die Mehlmischung zufügen und vorsichtig unterheben.

✳ Den Teig in die Muffinform geben und auf der mittleren Backofenschiene 20–25 Minuten backen. Die Muffins etwa 5 Minuten im Backblech ruhen lassen, dann vorsichtig auf ein Kuchengitter geben und auskühlen lassen.

✳ Für die Glasur die Butter erwärmen, mit einem Pinsel dick auf die Muffins streichen und dann den Puderzucker darüber sieben.

ZUTATEN FÜR 12 MUFFINS:

100 g	Weizenmehl Type 405
150 g	gehackte Mandeln
60 g	Orangeat
60 g	Zitronat
1 TL	Zimt
½ TL	Natron
2 TL	Backpulver
1	Ei
100 g	Zucker
120 g	Butter
125 g	Rum-Rosinen
200 g	Joghurt

FÜR DIE VERZIERUNG:

80 g	Butter
100 g	Puderzucker

Lavendel-Muffins

ZUBEREITUNG:

- Den Backofen auf 180 °C (Umluft 160 °C, Gas Stufe 2) vorheizen. Das Muffin-Backblech einfetten oder mit Papierbackförmchen auslegen.

- Die Lavendelblüten kurz in der Sahne aufkochen, dann zugedeckt abkühlen lassen.

- In einer großen Schüssel das Mehl, das Backpulver und die Mandeln miteinander vermischen. In einer weiteren Schüssel die Eier leicht verquirlen und mit dem Salz, dem Zucker, der Lavendel-Sahne und der weichen Butter verrühren. Die feuchten Zutaten zu den trockenen geben und vorsichtig unterheben.

- Den Teig in die Muffinform geben und auf der mittleren Backofenschiene 20–25 Minuten backen. Die Muffins noch etwa 5 Minuten im Backblech ruhen lassen, dann vorsichtig herausnehmen und auf einem Kuchengitter abkühlen lassen.

- Für die Verzierung den Puderzucker mit dem Zitronensaft verrühren, die Muffins bestreichen und mit Lavendelblüten bestreuen.

TIPP: Lavendelblüten mit ihrem ganz typischen Aroma liebt man entweder sehr oder gar nicht. Durch die enthaltenen ätherischen Öle wirkt ihr Duft ausgleichend und belebend auf Kreislauf und Nervensystem.

ZUTATEN FÜR 12 MUFFINS:

200 g	Weizenmehl Type 405
2 TL	Backpulver
100 g	gemahlene Mandeln
2	Eier
1 Prise	Salz
100 g	brauner Zucker
80 g	Butter
200 g	Sahne
1 TL	Lavendelblüten, getrocknet und ungespritzt

FÜR DIE VERZIERUNG:

200 g	Puderzucker
4 EL	Zitronensaft
1–2 EL	Lavendelblüten

Kokos-Marzipan-Muffins

ZUBEREITUNG:

Den Backofen auf 180 °C (Umluft 160 °C, Gas Stufe 2) vorheizen. Das Muffin-Backblech einfetten oder mit Papierbackförmchen auslegen.

Das Mehl sorgfältig mit den Kokosraspeln, dem Backpulver und dem Natron mischen.

Das Eiweiß steif schlagen. Die Marzipan-Rohmasse zerkleinern, die Zitronenschale abreiben und mit dem Marzipan, dem Rum und dem Zucker unter die Eischneemasse rühren. Die Mehlmischung zufügen und vorsichtig unterheben.

Den Teig in die Muffinform geben und auf der mittleren Backofenschiene 20–25 Minuten backen. Die Muffins etwa 5 Minuten im Backblech ruhen lassen, dann vorsichtig auf ein Kuchengitter geben und auskühlen lassen.

Für die Verzierung die Kuvertüre im Wasserbad schmelzen und die Muffindeckel zur Hälfte bestreichen.

ZUTATEN FÜR 12 MUFFINS:

100 g	Weizenmehl Type 405
170 g	Kokosraspel
1 TL	Backpulver
½ TL	Natron
4	Eiweiß
120 g	Marzipan-Rohmasse
	Schale 1 Zitrone
2 EL	Rum
100 g	Zucker

FÜR DIE VERZIERUNG:

100 g	Zartbitter-Kuvertüre

Datsch-Muffins

ZUBEREITUNG:

Den Backofen auf 180 °C (Umluft 160 °C, Gas Stufe 2) vorheizen. Das Muffin-Backblech einfetten oder mit Papierbackförmchen auslegen.

Den Waffelboden von den Schokoküssen entfernen und mit der trockenen Seite nach unten in die Muffinblechvertiefungen legen. Die Oberteile der Schokoküsse zur Seite stellen.

Das Mehl gründlich mit dem Backpulver, dem Natron und dem zerkleinerten Nougat mischen. In einer großen Schüssel das Ei leicht verquirlen. Zusammen mit der weichen Butter, dem Zucker, dem Vanillezucker und der Sahne verrühren. Die Mehlmischung zur Eimasse geben und vorsichtig unterheben.

Den Teig auf die Waffeln in die Muffinform geben und auf der mittleren Backofenschiene 20–25 Minuten backen. Die Muffins noch etwa 5 Minuten im Backblech ruhen lassen, dann vorsichtig auf ein Kuchengitter geben und auskühlen lassen.

Die erkalteten Muffins in der Mitte quer aufschneiden und die Schokoküsse auf die untere Hälfte setzen. Die oberen Muffin-Hälften aufsetzen und andrücken.

ZUTATEN FÜR 12 MUFFINS:

200 g	Weizenmehl Type 405
1 TL	Backpulver
½ TL	Natron
120 g	Nugat
1	Ei
100 g	Butter
80 g	Zucker
1 Päckchen	Vanillezucker
80 ml	Schlagsahne

FÜR DIE VERZIERUNG:

12	Schokoküsse

Sweet-Cookie-Muffins

ZUTATEN FÜR 12 MUFFINS:

100 g	Schoko-Cookies
150 g	Weizenmehl Type 405
50 g	Haselnüsse, gehackt
50 g	Schokotröpfchen
1 ½ TL	Backpulver
½ TL	Natron
1	Ei
80 g	Zucker
100 g	Butter
100 g	saure Sahne
150 ml	Kakao

FÜR DIE VERZIERUNG:

100 g	Vollmilch-Kuvertüre
	Kristallzucker
	Fruchtgummis

ZUBEREITUNG:

Den Backofen auf 180 °C (Umluft 160 °C, Gas Stufe 2) vorheizen. Das Muffin-Backblech einfetten oder mit Papierbackförmchen auslegen.

Die Cookies zerbröseln und mit dem Mehl, den Nüssen, den Schokotropfen, dem Backpulver und dem Natron vermengen.

In einer großen Schüssel das Ei leicht verquirlen. Den Zucker, die weiche Butter, die saure Sahne und den Kakao unterrühren. Die Mehlmischung zufügen und vorsichtig unterheben.

Den Teig in die Muffinform geben und auf der mittleren Backofenschiene 20–25 Minuten backen. Die Muffins etwa 5 Minuten im Backblech ruhen lassen, dann vorsichtig auf ein Kuchengitter geben und auskühlen lassen.

Für die Verzierung die Kuvertüre im Wasserbad schmelzen, die Muffinhäubchen eintauchen und antrocknen lassen. Mit Zucker und Fruchtgummis dekorieren.

Birnen-Anis-Muffins

ZUBEREITUNG:

Den Backofen auf 180 °C (Umluft 160 °C, Gas Stufe 2) vorheizen. Das Muffin-Backblech einfetten oder mit Papierbackförmchen auslegen.

Das Mehl, die kleingeschnittenen Birnen, die Haferflocken, die Mandeln, die Zitronenschale, den Anis, das Backpulver und das Natron vermengen.

In einer großen Schüssel das Ei leicht verquirlen. Den Zucker, die weiche Butter, die saure Sahne und den Birnensaft unterrühren. Die Mehlmischung zufügen und vorsichtig unterheben.

Den Teig in die Muffinform geben und auf der mittleren Backofenschiene 20–25 Minuten backen. Die Muffins etwa 5 Minuten im Backblech ruhen lassen, dann vorsichtig auf ein Kuchengitter geben und auskühlen lassen.

Für die Verzierung den Frischkäse mit dem gesiebten Puderzucker und der Zitronenschale glatt rühren und auf die Muffins spritzen. Mit Anissternen und Mandeln verzieren.

ZUTATEN FÜR 12 MUFFINS:

100 g	Weizenmehl Type 405
180 g	weiche Birnen
100 g	feine Haferflocken
50 g	gehackte Mandeln
	Schale 1 Zitrone
1 TL	gemahlener Anis
1 ½ TL	Backpulver
½ TL	Natron
1	Ei
80 g	Zucker
100 g	Butter
150 g	saure Sahne
80 ml	Birnensaft

FÜR DIE VERZIERUNG:

150 g	Frischkäse
50 g	Puderzucker
	Schale 1 Zitrone
12	Anissterne
	geschälte Mandeln

Bratapfel

ZUBEREITUNG:

Das Muffinblech fetten. Die Äpfel waschen und das Kernhaus mit einem Kernhausstecher entfernen. Die Äpfel in die Backblechvertiefungen setzen. Die Mandelstifte mit den Rosinen und dem Zucker mischen und die Äpfel damit befüllen.

Die Äpfel im Backofen bei 100 °C etwa 35 Minuten backen.

TIPP: **Zur Verfeinerung können Sie vor dem Backen noch je 1 Teelöffel Rum über die Füllung geben.**

ZUTATEN FÜR 12 BRATÄPFEL:

12	kleine Äpfel
150 g	Mandelstifte
50 g	Rosinen
60 g	Zucker

Ananas-Muffins

ZUBEREITUNG:

Den Backofen auf 180 °C (Umluft 160 °C, Gas Stufe 2) vorheizen. Das Muffin-Backblech einfetten oder mit Papierbackförmchen auslegen.

Das Mehl gründlich mit den Mandeln, dem Backpulver, dem Natron und dem Zimt mischen. Die Ananas schälen, den Strunk entfernen und das Fruchtfleisch kleinschneiden. In einer großen Schüssel das Ei leicht verquirlen. Den Zucker, die weiche Butter, den Kefir und das Fruchtfleisch verrühren. Die Mehlmischung zur Eimasse geben und vorsichtig unterheben.

Den Teig in die Muffinform geben und auf der mittleren Backofenschiene 20–25 Minuten backen. Die Muffins noch etwa 5 Minuten im Backblech ruhen lassen, dann vorsichtig auf ein Kuchengitter geben und auskühlen lassen.

Für die Verzierung die Sahne mit dem Festiger und dem Zucker steif schlagen. Die Muffins mit Sahnerosetten, Ananasstücken und geriebener Schokolade verzieren.

ZUTATEN FÜR 12 MUFFINS:

200 g	Weizenmehl Type 405
50 g	gemahlene Mandeln
1 ½ TL	Backpulver
½ TL	Natron
2 Msp.	Zimt
2 gestrichene EL	Kakaopulver
250 g	Ananasstücke
1	Ei
100 g	Zucker
100 g	Butter
150 ml	Kefir

FÜR DIE VERZIERUNG:

24	Ananasstücke
200 g	Schlagsahne
1 Päckchen	Sahnefestiger
	Zucker nach Geschmack
Etwas	geriebene Schokolade

Honig-Muffins

ZUBEREITUNG:

❄ Den Backofen auf 180 °C (Umluft 160 °C, Gas Stufe 2) vorheizen. Das Muffin-Backblech einfetten oder mit Papierbackförmchen auslegen.

❄ In einer großen Schüssel das Mehl, das Backpulver, das Natron, den Vanillezucker und die Zitronenschale miteinander mischen.

❄ In einer weiteren Schüssel das Ei leicht verquirlen und mit dem Frischkäse, dem Öl, der Buttermilch und dem Zucker verrühren. Die feuchten Zutaten zu den trockenen geben und vorsichtig unterheben.

❄ Für die Füllung der Muffins die Mandelstifte mit dem Honig mischen.

❄ Den Teig zur Hälfte in die Muffinform geben. Darauf die Mandel-Honig-Mischung verteilen und mit dem restlichen Teig bedecken. Auf der mittleren Backofenschiene 20–25 Minuten backen. Die Muffins etwa 5 Minuten im Backblech ruhen lassen, dann vorsichtig auf ein Kuchengitter geben und auskühlen lassen.

❄ Für die Verzierung die Mandelstifte mit dem Honig mischen und auf den abgekühlten Muffins verteilen.

ZUTATEN FÜR 12 MUFFINS:

250 g	Weizenmehl Type 405
1 ½ TL	Backpulver
½ TL	Natron
1 Päckchen	Vanillezucker
	Schale ½ Zitrone
1	Ei
100 g	Frischkäse
80 ml	Öl
200 ml	Buttermilch
80 g	Zucker

FÜR DIE FÜLLUNG:

100 g	Mandelstifte
4 EL	Honig

FÜR DIE VERZIERUNG:

50 g	Mandelstifte
50 g	Honig

Zur
Erinnerung

Likör-Muffins

ZUBEREITUNG:

❄ Den Backofen auf 180 °C (Umluft 160 °C, Gas Stufe 2) vorheizen. Das Muffin-Backblech einfetten oder mit Papierbackförmchen auslegen.

❄ In einer großen Schüssel das Mehl, das Backpulver, das Natron, die Nüsse, die Mandeln und das klein geschnittene Nugat miteinander mischen.

❄ In einer weiteren Schüssel das Ei leicht verquirlen und mit der weichen Butter, dem Zucker und der Buttermilch verrühren. Die feuchten Zutaten zu den trockenen geben und vorsichtig unterheben.

❄ Den Teig in die Muffinform geben und auf der mittleren Backofenschiene 20–25 Minuten backen. Die Muffins etwa 5 Minuten im Backblech ruhen lassen, dann vorsichtig herausnehmen und auf einem Kuchengitter abkühlen lassen.

❄ Für die Verzierung die Sahne mit dem Sahnefestiger und dem Zucker steif schlagen und rundum in kleinen Tupfen auf die Muffins spritzen. Mit den gehobelten Haselnusskernen verzieren. Den Eierlikör jeweils vorsichtig in die Mitte gießen.

TIPP: Ist der Eierlikör zu dünnflüssig, können Sie ihn binden: 1 Blatt Gelatine 3–5 Minuten in kaltem Wasser quellen lassen, herausnehmen und etwas ausdrücken, dann in einem Schöpflöffel im Wasserbad auflösen und unter ständigem Rühren zum Eierlikör geben. Etwas stehen lassen, bis die Masse steif zu werden beginnt, dann über die Muffins gießen.

ZUTATEN FÜR 12 MUFFINS:

150 g	Weizenmehl Type 405
1 ½ TL	Backpulver
1 TL	Natron
80 g	gemahlene Haselnüsse
80 g	gemahlene Mandeln
100 g	Nugat
1	Ei
120 g	Butter
120 g	Zucker
150 ml	Buttermilch

FÜR DIE VERZIERUNG:

200–250 g	Sahne
1 Päckchen	Sahnefestiger
2 EL	Zucker
	gehobelte Haselnüsse
100 ml	Eierlikör

Dattel-Marillen-Muffins

ZUTATEN FÜR 12 MUFFINS:

100 g	Weizenmehl Type 405
60 g	Walnusskerne
½ TL	Zimt
1 TL	gemahlener Ingwer
1 ½ TL	Backpulver
½ TL	Natron
60 g	getrocknete Datteln
60 g	getrocknete Aprikosen
80 g	Honig
100 g	Butter
1	Ei
1 Päckchen	Vanillezucker
60 ml	Pflanzenöl
150 g	Buttermilch
1 EL	Rum

FÜR DIE VERZIERUNG:

40 g	Walnusskerne
125 g	Butter
100 g	Honig
1 ½ TL	Zimt

ZUBEREITUNG:

❄ Den Backofen auf 180 °C (Umluft 160 °C, Gas Stufe 2) vorheizen. Das Muffin-Backblech einfetten oder mit Papierbackförmchen auslegen.

❄ Das Mehl, die Nüsse, den Zimt, den Ingwer, das Backpulver und das Natron gründlich mischen.

❄ Die Trockenfrüchte kleinschneiden. Mit 50 ml Wasser, dem Honig und der Butter so lange erwärmen, bis eine dickflüssige Masse entsteht.

❄ In einer großen Schüssel das Ei leicht verquirlen. Den Vanillezucker, das Öl, die Buttermilch, den Rum und die Früchtemasse unterheben. Die Mehlmischung zufügen und vorsichtig unterheben.

❄ Den Teig in die Muffinform geben und auf der mittleren Backofenschiene 20–25 Minuten backen. Die Muffins etwa 5 Minuten im Backblech ruhen lassen, dann vorsichtig auf ein Kuchengitter geben und auskühlen lassen.

❄ Für die Verzierung die Walnüsse hacken. Die Butter zusammen mit dem Honig und dem Zimt erhitzen, leicht abkühlen lassen und die Muffins damit bestreichen, dann mit den Walnüssen bestreuen.

Amaretto-Marzipan-Muffins

ZUBEREITUNG:

❄ Den Backofen auf 180 °C (Umluft 160 °C, Gas Stufe 2) vorheizen. Das Muffin-Backblech einfetten oder mit Papierbackförmchen auslegen.

❄ Die Amarettini und die Marzipanmasse zerkleinern. Das Mehl, das Natron und das Backpulver zugeben und gründlich mischen.

❄ In einer großen Schüssel das Ei leicht verquirlen. Den Zucker, das Öl, die Buttermilch, den Likör und das Aroma unterrühren. Die Mehlmischung zufügen und vorsichtig unterheben.

❄ Den Teig in die Muffinform geben und auf der mittleren Backofenschiene 20–25 Minuten backen. Die Muffins etwa 5 Minuten im Backblech ruhen lassen, dann vorsichtig auf ein Kuchengitter geben und auskühlen lassen.

❄ Für die Verzierung die Kuvertüre im Wasserbad erwärmen, die Muffinhäubchen eintauchen und trocknen lassen. Das Marzipan, den Puderzucker und die Speisefarbe miteinander verkneten und zwischen zwei Frischhaltefolien auswellen. Mit einem Ausstecher Tannenbäumchen ausstechen, auf die Muffins legen und mit den Perlen verzieren.

ZUTATEN FÜR 12 MUFFINS:

50 g	Amarettini (ital. Mandelgebäck)
50 g	Marzipan-Rohmasse
250 g	Weizenmehl Type 405
½ TL	Natron
1 ½ TL	Backpulver
1	Ei
60 g	brauner Zucker
60 ml	Pflanzenöl
150 ml	Buttermilch
100 ml	Amaretto (Mandellikör)
5–6 Tropfen	Bittermandel-Aroma

FÜR DIE VERZIERUNG:

200 g	weiße Kuvertüre
150 g	Marzipan-Rohmasse
80 g	Puderzucker
	grüne Speisefarbe
	Zuckerperlen

Orangen-Muffins

ZUBEREITUNG:

Den Backofen auf 180 °C (Umluft 160 °C, Gas Stufe 2) vorheizen. Das Muffin-Backblech einfetten oder mit Papierbackförmchen auslegen.

Das Mehl sorgfältig mit den Mandeln, dem Backpulver und dem Salz mischen. In einer großen Schüssel die Eier leicht verquirlen. Den Zucker, die Butter, den Saft und die Schale der Orange und Zitrone gründlich unterrühren. Die Mehlmischung zur Eimasse geben und vorsichtig unterheben.

Den Teig in die Muffinform geben und auf der mittleren Backofenschiene 20–25 Minuten backen. Die Muffins noch etwa 5 Minuten im Backblech ruhen lassen.

Die noch warmen Muffins mit Orangensaft und -likör tränken, dann abkühlen lassen. Die Sahne steif schlagen, mit einer Spritztülle auf die Muffins spritzen und mit den Orangenstückchen verzieren.

ZUTATEN FÜR 12 MUFFINS:

200 g	Weizenmehl Type 405
100 g	gemahlene Mandeln
2 TL	Backpulver
1 Prise	Salz
2	Eier
150 g	Zucker
100 g	Butter
	Saft und Schale von 1 Orange
	Saft und Schale von 1 Zitrone

FÜR DIE VERZIERUNG:

150 ml	Orangensaft
2 EL	Orangenlikör
100 ml	Sahne
12	Orangenstückchen

Kürbis-Muffins

ZUBEREITUNG:

Das Kürbisfleisch raspeln, die Schokolade klein hacken. Die Schokolade mit der in Flöckchen geschnittenen Butter bei ca. 40 °C im Wasserbad schmelzen. Den Schmand unter die flüssige Schokolade rühren, dann etwas abkühlen lassen.

Den Backofen auf 180 °C (Umluft 160 °C, Gas Stufe 2) vorheizen. Die Muffin-Backform einfetten oder mit Papierbackförmchen auslegen.

Die Eier 3–5 Minuten schaumig rühren, den Zucker und das Salz einrühren und weitere 3–5 Minuten weiterrühren. Die Schokoladenmasse nach und nach unter die Eimasse mischen.

Das Mehl und das Backpulver mischen, sieben und mit den Mandeln, dem Zimt, dem Kakao und dem Kürbisfleisch vermengen. Alles kurz unter die Schokomasse heben, die Teigmasse in die Muffinform geben und auf der mittleren Backofenschiene 20–25 Minuten backen. Die Muffins etwa 5 Minuten im Backblech ruhen lassen, dann vorsichtig auf ein Kuchengitter geben und auskühlen lassen.

Für die Verzierung den Puderzucker mit dem Zitronensaft glattrühren, auf die Muffins streichen und mit den Zuckerperlen bestreuen.

ZUTATEN FÜR 12 MUFFINS:

100 g	Butternut-Kürbisfleisch
200 g	weiße Crisp-Schokolade
80 g	Butter
2 TL	Schmand
2	Eier
50 g	Rohrohrzucker
1 Prise	Salz
160 g	Mehl
½ Päckchen	Backpulver
80 g	gemahlene Mandeln
2 EL	weißes Kakaopulver
1 TL	Zimt

FÜR DIE VERZIERUNG:

150 g	Puderzucker
2 EL	Zitronensaft
	bunte Zuckerperlen

Mandellikör-Muffins

ZUBEREITUNG:

❄ Den Backofen auf 180 °C (Umluft 160 °C, Gas Stufe 2) vorheizen. Das Muffin-Backblech einfetten oder mit Papierbackförmchen auslegen.

❄ In einer großen Schüssel das Mehl, das Backpulver, die gehackte Schokolade, das Natron und das zerkleinerte Mandelgebäck gründlich miteinander mischen.

❄ In einer weiteren Schüssel das Ei leicht verquirlen, mit dem Zucker, der weichen Butter, den Stachelbeeren, dem Schmand und dem Mandellikör verrühren. Die feuchten Zutaten zu den trockenen geben und vorsichtig unterheben.

❄ Den Teig in die Muffinform geben und auf der mittleren Backofenschiene 20–25 Minuten backen. Die Muffins noch etwa 5 Minuten im Backblech ruhen lassen, dann vorsichtig auf ein Kuchengitter geben und auskühlen lassen.

❄ Die Muffins mit Schokoladencreme und Mandeln verzieren.

ZUTATEN FÜR 12 MUFFINS:

250 g	Weizenmehl Type 405
1 ½ TL	Backpulver
100 g	Zartbitter-Schokolade
½ TL	Natron
50 g	Amarettini
1	Ei
100 g	Zucker
80 g	Butter
200 g	Stachelbeeren
250 g	Schmand
50 ml	Mandellikör (Amaretto)

FÜR DIE VERZIERUNG:

	Schokoladencreme aus der Tube
12	geschälte ganze Mandeln

Mini-Apfel-Muffins

ZUBEREITUNG:

❋ Den Backofen auf 180 °C (Umluft 160 °C, Gas Stufe 2) vorheizen. Das Muffin-Backblech einfetten oder mit Papierbackförmchen auslegen.

❋ Das Mehl sorgfältig mit den Mandeln, dem Zimt, dem Backpulver und dem Natron mischen. In einer großen Schüssel das Ei leicht verquirlen. Den Zucker, das Öl, die Sahne, die Buttermilch und die geriebenen Äpfel hinzufügen und gut verrühren. Die Mehlmischung zur Eimasse geben und vorsichtig unterheben.

❋ Den Teig in die Muffinform geben und auf der mittleren Backofenschiene 20–25 Minuten backen. Die Muffins etwa 5 Minuten im Backblech ruhen lassen, dann vorsichtig auf ein Kuchengitter geben und auskühlen lassen.

❋ Für die Verzierung den Mascarpone mit dem Puderzucker verrühren und auf die Muffins spritzen. Mit Mini-Äpfeln und Mandeln dekorieren.

ZUTATEN FÜR 12 MUFFINS:

200 g	Weizenmehl Type 405
60 g	gehackte Mandeln
½ TL	Zimt
½ TL	Backpulver
½ TL	Natron
1	Ei
80 g	Zucker
60 g	Pflanzenöl
100 ml	Sahne
150 ml	Buttermilch
300 g	Äpfel

FÜR DIE VERZIERUNG:

200 g	Mascarpone
50 g	Puderzucker
12	Mini-Äpfel
12	Mandeln

Mohn-Muffins

ZUBEREITUNG:

❄ Den Backofen auf 180 °C (Umluft 160 °C, Gas Stufe 2) vorheizen. Das Muffin-Backblech einfetten oder mit Papierbackförmchen auslegen.

❄ In einer großen Schüssel das Mehl, das Backpulver, das Natron und den Vanillezucker mischen. Die klein geschnittenen Pfirsiche zufügen und unterheben.

❄ In einer weiteren Schüssel das Ei leicht verquirlen und mit dem Öl, dem Zucker und dem Mohn verrühren. Die feuchten Zutaten zu den trockenen geben und vorsichtig unterheben.

❄ Den Teig in die Muffinform geben und auf der mittleren Backofenschiene 20–25 Minuten backen. Die Muffins etwa 5 Minuten im Backblech ruhen lassen, dann vorsichtig auf ein Kuchengitter geben und auskühlen lassen.

❄ Für die Verzierung das Puddingpulver in die Milch einrühren, unter ständigem Rühren aufkochen und abkühlen lassen. Den Pudding mit dem Quark verrühren und auf die Muffins streichen. Die Kuvertüre im Wasserbad schmelzen und die Muffinhaube damit überziehen. Die Pfirsichstücke in die Kuvertüre tauchen und aufsetzen.

TIPP: Möchten Sie keine fertige Mohnbackmischung verwenden, können Sie diese auch selbst herstellen. Dazu 250 ml Milch, 20 g Butter und 40 g Grieß in einen Topf geben, unter Rühren kurz aufkochen und weitere 5 Minuten ohne Hitze quellen lassen. 100 g Mohn, 40 g Zucker und 1 Ei zufügen und zügig verrühren.

ZUTATEN FÜR 12 MUFFINS:

250 g	Weizenmehl Type 405
1 TL	Backpulver
1 TL	Natron
1 Päckchen	Vanillezucker
250 g	Pfirsiche
1	Ei
80 ml	Pflanzenöl
80 g	Zucker
250 g	Mohn-Backmischung

FÜR DIE VERZIERUNG:

½ Päckchen	Vanille-Puddingpulver
250 ml	Milch
125 g	Quark
50 g	Halbbitter-Kuvertüre
12	Pfirsichstücke

Dörrobst-Muffins

ZUTATEN FÜR 12 MUFFINS:

2 EL	Rum (oder Orangensaft)
200 g	Weizenmehl Type 405
½ TL	Zimt oder gemahlene Vanille
50 g	gehackte Nüsse
1 ½ TL	Backpulver
½ TL	Natron
80 g	Trockenfrüchte (Rosinen, Datteln, Feigen usw.)
1	Ei
80 g	Zucker oder flüssiger Honig
60 ml	Pflanzenöl
250 ml	Buttermilch

FÜR DIE VERZIERUNG:

200 g	weiße oder dunkle Kuvertüre
	Weihnachtsmotivfiguren

ZUBEREITUNG:

* Den Backofen auf 180 °C (Umluft 160 °C, Gas Stufe 2) vorheizen. Das Muffin-Backblech einfetten oder mit Papierbackförmchen auslegen.

* Das Mehl sorgfältig mit dem Zimt oder der Vanille, den Nüssen, dem Backpulver und dem Natron vermengen.

* Die Trockenfrüchte klein schneiden und mit dem Rum oder dem Orangensaft beträufeln. In einer großen Schüssel das Ei leicht verquirlen. Den Zucker, das Öl, die Buttermilch und die Trockenfrüchte unterrühren. Die Mehlmischung zufügen und vorsichtig unterheben.

* Den Teig in die Muffinform geben und auf der mittleren Backofenschiene 20–25 Minuten backen. Die Muffins etwa 5 Minuten im Backblech ruhen lassen, dann vorsichtig auf ein Kuchengitter geben und auskühlen lassen.

* Für die Verzierung die Kuvertüre im Wasserbad schmelzen, die Muffinhäubchen eintauchen und mit den Weihnachtsfiguren verzieren.

Schoko-Müsli-Muffins

ZUBEREITUNG:

✻ Das Muffin-Backblech mit Papierbackförmchen auslegen.

✻ Die Schokolade klein hacken und im Wasserbad schmelzen. Das Müsli oder die Cornflakes in die flüssige Schokolade rühren, dann gleichmäßig in die Muffinform verteilen. Die Knusper-Muffins erkalten lassen und aus dem Backblech nehmen.

✻ Für die Verzierung die Früchte waschen und klein schneiden, kleinere Früchte halbieren. Die Sahne mit dem Vanille- und dem gesiebten Puderzucker steif schlagen, auf die Muffins spritzen und mit den Früchten verzieren.

VARIANTE:
DUNKLE PUFFREIS-MUFFINS:

✻ 200 g Zartbitterschokolade klein hacken und mit 50 g Butter und 2 EL eines hellen Sirups im Wasserbad erwärmen und verrühren, bis die Schokolade geschmolzen ist und sich alle Zutaten gut vermischt haben. 200 g Puffreis unterheben und die Masse in die ausgelegten Backblechvertiefungen einfüllen.

TIPP: Die Muffins lassen sich in einem geschlossenen Behälter im Kühlschrank ohne weiteres bis zu 4 Tage aufbewahren.

ZUTATEN FÜR 12 MUFFINS:

150 g	Vollmilchschokolade
200 g	Knuspermüsli oder Cornflakes

FÜR DIE VERZIERUNG:

200 ml	Sahne
1 Päckchen	Bourbon-Vanillezucker
1 EL	Puderzucker
	Früchte der Saison

Quark-Heidelbeer-Muffins

ZUBEREITUNG:

❄ Den Backofen auf 180 °C (Umluft 160 °C, Gas Stufe 2) vorheizen. Das Muffin-Backblech einfetten oder mit Papierbackförmchen auslegen.

❄ Die Heidelbeeren gründlich unter fließendem Wasser waschen. In einer großen Schüssel das Mehl, die Speisestärke, das Backpulver und die geraspelte Schokolade gründlich miteinander mischen. Die Heidelbeeren vorsichtig unterheben.

❄ In einer weiteren Schüssel das Ei leicht verquirlen und mit dem Öl, dem Zucker, dem Quark und der Sahne verrühren. Die feuchten Zutaten zu den trockenen geben und vorsichtig unterheben.

❄ Den Teig in die Muffinform geben und auf der mittleren Backofenschiene 20–25 Minuten backen. Die Muffins noch ca. 5 min. ruhen lassen, dann vorsichtig herausnehmen und auf einem Kuchengitter ganz abkühlen lassen.

❄ 6 Esslöffel der steifgeschlagenen Sahne für die Verzierung beiseite stellen. Die restliche Sahne mit dem Quark verrühren. Das Tortengusspulver und den Zucker mit dem Saft vermengen und unter ständigem Rühren zum Kochen bringen. Vom Herd nehmen und bis zum Erkalten weiterrühren. Zur Quarkmasse geben und verrühren, bis die Creme eine gleichmäßig Färbung angenommen hat. Die Creme mit einem Messer auf die Muffins streichen und mit den Schokoraspeln, der Sahne und den Beeren verzieren.

ZUTATEN FÜR 12 MUFFINS:

150 g	Weizenmehl Type 405
50 g	Speisestärke
1 ½ TL	Backpulver
100 g	weiße Schokolade
150 g	Heidelbeeren
1	Ei
60 ml	Pflanzenöl
80 g	Zucker
80 g	Quark
200 ml	Sahne

FÜR DIE VERZIERUNG:

250 g	Quark
250 ml	Sahne
1 Päckchen	Tortenguss
4 EL	Zucker
200 ml	Heidelbeersaft
100 g	weiße Schokolade
12	Heidelbeeren

Zimtstern-Muffins

ZUBEREITUNG:

★ Den Backofen auf 180 °C (Umluft 160 °C, Gas Stufe 2) vorheizen. Das Muffin-Backblech einfetten oder mit Papierbackförmchen auslegen.

★ Das Mehl sorgfältig mit der Speisestärke, dem Backpulver, dem Natron, dem Zimt und den grob gehackten Walnüssen mischen. In einer großen Schüssel das Ei leicht verquirlen. Die weiche Butter, den Joghurt und den Zucker unterrühren. Die Mehlmischung hinzufügen und vorsichtig unterheben.

★ Den Teig in die Muffinform geben und auf der mittleren Backofenschiene 20–25 Minuten backen. Die Muffins etwa 5 Minuten im Backblech ruhen lassen, dann vorsichtig auf ein Kuchengitter geben und auskühlen lassen.

★ Für die Verzierung den Puderzucker und den Zitronensaft mischen. Die Böden der Zimtsterne damit bestreichen, dann auf die Muffins setzen.

ZUTATEN FÜR 12 MUFFINS:

200 g	Weizenmehl Type 405
50 g	Speisestärke
2 TL	Backpulver
½ TL	Natron
3 TL	Zimt
150 g	Walnüsse
1	Ei
150 g	Butter
150 g	Joghurt
120 g	Zucker

FÜR DIE VERZIERUNG:

50 g	Puderzucker
1 TL	Zitronensaft
12	Zimtsterne

Heidelbeer-Muffins

ZUBEREITUNG:

✱ Den Backofen auf 180 °C (Umluft 160 °C, Gas Stufe 2) vorheizen. Das Muffin-Backblech einfetten oder mit Papierbackförmchen auslegen.

✱ In einer großen Schüssel das Mehl, die Speisestärke, das Backpulver, das Natron und die Heidelbeeren mischen.

✱ In einer weiteren Schüssel die Eier leicht verquirlen, mit dem Zucker, dem Vanillezucker, dem Öl und der Buttermilch verrühren. Die feuchten Zutaten zu den trockenen geben und vorsichtig unterheben.

✱ Den Teig in die Muffinform geben und auf der mittleren Backofenschiene 20–25 Minuten backen. Die Muffins etwa 5 Minuten im Backblech ruhen lassen, dann vorsichtig auf ein Kuchengitter geben und auskühlen lassen.

✱ Für die Verzierung die Deckel der Muffins quer abschneiden. Den Mascarpone mit dem Puderzucker und den Heidelbeeren verrühren, gleichmäßig auf die Muffinunterteile streichen und die Deckel wieder aufsetzen.

ZUTATEN FÜR 12 MUFFINS:

250 g	Weizenmehl Type 405
50 g	Speisestärke
1 ½ TL	Backpulver
½ TL	Natron
200 g	Heidelbeeren
2	Eier
125 g	Zucker
1	Vanillezucker
80 ml	Öl
150 ml	Buttermilch

FÜR DIE VERZIERUNG:

250 g	Mascarpone
3 EL	Puderzucker
200 g	Heidelbeeren

Frische Feige

ZUBEREITUNG:

- Den Backofen auf 180 °C (Umluft 160 °C, Gas Stufe 2) vorheizen. Das Muffin-Backblech einfetten oder mit Papierbackförmchen auslegen.

- In einer großen Schüssel das Mehl, das Backpulver, das Natron, die gehackten Walnüsse, die klein geschnittenen Feigen, die klein gehackte Schokolade und den Zimt gründlich miteinander mischen.

- In einer weiteren Schüssel das Ei leicht verquirlen und mit dem Öl, dem Zucker und der Buttermilch verrühren. Die feuchten Zutaten zu den trockenen geben und vorsichtig unterheben.

- Den Teig in die Muffinform geben und auf der mittleren Backofenschiene 20–25 Minuten backen. Die Muffins noch etwa 5 Minuten im Backblech ruhen lassen, dann vorsichtig auf ein Kuchengitter geben und auskühlen lassen.

- Für die Verzierung die Feigen in feine Stücke schneiden und die Kuvertüre im Wasserbad erwärmen. Die Feigenstücke und die halbierten Walnüsse in die Kuvertüre tauchen und die Muffins verzieren.

ZUTATEN FÜR 12 MUFFINS:

250 g	Weizenmehl Type 405
1 ½ TL	Backpulver
½ TL	Natron
50 g	gehackte Walnüsse
100 g	Feigen
100 g	Edelbitter-Schokolade
½ TL	Zimt
1	Ei
80 ml	Pflanzenöl
100 g	Zucker
200 ml	Buttermilch

TIPP: Der Feigen-Liebhaber hat sicher seine Freude daran, wenn Sie noch frische, beschwipste Feigen dazu reichen. Dazu die Feigen waschen und halbieren und in einer Schale anrichten. Etwa 2 Esslöffel Puderzucker über die Feigen sieben und mit einem süßen Dessertwein (z. B. Marsala) beträufeln. Besonders schön sieht es aus, wenn Sie zum Dekorieren noch Feigenblätter bekommen.

FÜR DIE VERZIERUNG:

3	frische Feigen
12	Walnüsse
50 g	Vollmilch-Kuvertüre

Hell-Dunkel-Muffins

ZUTATEN FÜR 12 MUFFINS:

280 g	Weizenmehl Type 405
2 TL	Backpulver
3 EL	Kakaopulver
1 Prise	Salz
1	Ei
120 g	Zucker
80 ml	Pflanzenöl
200 ml	Buttermilch

FÜR DIE FÜLLUNG:

300 g	Sahne
1 Päckchen	Sahnefestiger
1 Päckchen	Vanillezucker
2 EL	Kakaopulver

FÜR DIE VERZIERUNG:

Verschiedene Früchte der Saison (Beeren, Trauben)

Pralinen oder Schokoriegel, Schokoladenornamente, Figuren, Waffelröllchen etc.

ZUBEREITUNG:

* Den Backofen auf 180 °C (Umluft 160 °C, Gas Stufe 2) vorheizen. Das Muffin-Backblech einfetten oder mit Papierbackförmchen auslegen.

* Das Mehl gründlich mit dem Backpulver und dem Salz mischen. In einer großen Schüssel das Ei leicht verquirlen. Den Zucker, das Öl und die Buttermilch zufügen und verrühren. Die Mehlmischung zur Eimasse geben und vorsichtig unterheben. Den Muffinteig halbieren und eine Hälfte mit dem gesiebten Kakaopulver vermischen.

* Je sechs Backblechvertiefungen mit dunklem und sechs mit hellem Teig befüllen. Auf der mittleren Backofenschiene 20–25 Minuten backen. Die Muffins im Backblech 5 Minuten ruhen lassen, dann herauslösen und abkühlen lassen.

* Die Muffins mit einem Messer senkrecht teilen oder vierteln oder waagerecht in zwei oder drei Schichten schneiden. Die Hälfte der Sahne mit je einem halben Päckchen Sahnefestiger und Vanillezucker steif schlagen. In die zweite Hälfte zusätzlich das Kakaopulver geben. Die Sahne und die Schokosahne in Spritzbeutel mit Sterntülle füllen und nach Wunsch zwischen die senkrechten oder waagrechten Schichten oder Muffinteile spritzen und diese immer hell/dunkel versetzt wieder zusammensetzen.

* Die Hell-Dunkel-Muffins mit den vorbereiteten Früchten, Schokopralinen oder klein geschnittenen Schokoriegeln verzieren.

TIPP: Ein scharfes, dünnes Messer verhindert das Brechen der Muffins beim Aufschneiden. Es ist auch möglich, senkrecht und waagrecht zu schneiden. Dies erfordert etwas Geschick beim Zusammensetzen.

Baiser-Muffins

ZUBEREITUNG:

✳ Den Backofen auf 180 °C (Umluft 160 °C, Gas Stufe 2) vorheizen. Das Muffin-Backblech einfetten.

✳ Das Mehl gründlich mit dem Backpulver, dem Natron und den Haselnüssen mischen. In einer großen Schüssel das Ei leicht verquirlen. Den Zucker, die Butter, die kleingeschnittenen Trockenfrüchte, den Schmand und den Baileys unterrühren. Die Mehlmischung zur Eimasse geben und vorsichtig unterheben.

✳ Den Teig in die Muffinform füllen und auf der mittleren Backofenschiene 20–25 Minuten backen. Die Muffins im Backblech 5 Minuten ruhen lassen, dann herauslösen und abkühlen lassen.

✳ Die Hauben der Muffins abschneiden und die Muffins vorsichtig aushöhlen, dabei nicht zu viel Rand wegnehmen. Die Sahne mit dem Vanillezucker cremig schlagen. Ohne abzusetzen den Likör in einem dünnen Strahl hinzugießen und die Alkoholsahne steif schlagen.

✳ Die abgeschnittenen Muffinhauben zerbröseln. Den Mascarpone in einer Schüssel leicht verrühren, die zerkleinerten Baisers, die Muffinbrösel und die Sahne zufügen und vorsichtig zu einer Creme verrühren. Die ausgehölten Muffins mit der Crememasse füllen.

✳ Die Kuvertüre im Wasserbad schmelzen und einen Teil der Muffins – oder auch alle – mit der Kuvertüre überziehen. Den Haselnusskrokant auf einen flachen Teller geben und die überzogenen Muffins sofort darin wälzen, solange die Kuvertüre noch weich ist. Die Baisers aufsetzen und mit Kuvertüre und Krokantkörnern verzieren. Die Baiser-Muffins auf die Waffelplätzchen setzen und hübsch arrangiert servieren.

ZUTATEN FÜR 12 MUFFINS:

250 g	Weizenmehl Type 405
1 ½ TL	Backpulver
½ TL	Natron
100 g	gemahlene Haselnüsse
1	Ei
100 g	Zucker
80 g	Butter
200 g	Trockenfrüchte
250 ml	Schmand
50 ml	Baileys/Kaffeelikör

FÜR DIE VERZIERUNG:

150 g	Sahne
2 Päckchen	Vanillezucker
20 ml	Baileys/Kaffee- oder Cappuccinolikör
5	Baisers
50 g	Marcarpone
150–200 g	Vollmilch- oder Zartbitterkuvertüre
12	runde Baisers
50–100 g	Haselnusskrokant
12	Waffelplätzchen (ø 8–10 cm)

Florentiner-Muffins

ZUBEREITUNG:

- Den Backofen auf 180 °C (Umluft 160 °C, Gas Stufe 2) vorheizen. Das Muffin-Backblech einfetten oder mit Papierbackförmchen auslegen.

- Das Mehl sorgfältig mit den Mandeln, dem Backpulver, dem Kakao, den Gewürzen, den Rosinen und dem kleingeschnittenen Zitronat mischen.

- In einer großen Schüssel die Eier leicht verquirlen. Den Honig, den Zucker, die Butter und die Milch etwas erwärmen, zu den Eiern geben und unterrühren. Die Mehlmischung zu der Eimasse geben und vorsichtig unterheben.

- Den Teig in die Muffinform geben und auf der mittleren Backofenschiene 20–25 Minuten backen. Die Muffins etwa 5 Minuten im Backblech ruhen lassen, dann vorsichtig auf ein Kuchengitter geben und auskühlen lassen.

- Für die Verzierung die Kuvertüre im Wasserbad schmelzen. Die Muffins mit der Kuvertüre bestreichen und die Florentinerkekse auf die noch weiche Kuvertüre setzen.

ZUTATEN FÜR 12 MUFFINS:

250 g	Weizenmehl Type 405
100 g	gemahlene Mandeln
3 TL	Backpulver
25 g	Kakaopulver
1 TL	Zimt
100 g	Rosinen
1 Msp.	gemahlene Nelken
1 Msp.	gemahlener Kardamon
150 g	Zitronat
2	Eier
180 g	Honig
100 g	Zucker
65 g	Butter
2 EL	Milch

FÜR DIE VERZIERUNG:

250 g	Vollmilch-Kuvertüre
12	Florentinerkekse

Frische-Muffins

ZUBEREITUNG:

- Den Backofen auf 180 °C (Umluft 160 °C, Gas Stufe 2) vorheizen. Das Muffin-Backblech einfetten oder mit Papierbackförmchen auslegen.

- In einer großen Schüssel das Mehl, das Backpulver und das Natron miteinander mischen.

- In einer weiteren Schüssel das Ei leicht verquirlen und mit der weichen Butter, dem Zucker, drei Vierteln des Zitronen- und Orangensafts und dem Joghurt verrühren. Die feuchten Zutaten zu den trockenen geben und vorsichtig unterheben.

- Den Teig in die Muffinform geben und auf der mittleren Backofenschiene 20–25 Minuten backen. Die Muffins etwa 5 Minuten im Backblech ruhen lassen, dann vorsichtig auf ein Kuchengitter geben und auskühlen lassen. Die erkalteten Muffins mit dem vermischten Zitronen-Orangen-Saft beträufeln.

- Für die Verzierung den Zitronensaft mit dem Puderzucker glattrühren, die Muffins bestreichen und die abgeriebene Fruchtschale darüber streuen.

ZUTATEN FÜR 12 MUFFINS:

250 g	Weizenmehl Type 405
1 ½ TL	Backpulver
1 TL	Natron
1	Ei
100 g	Butter
150 g	Zucker
	Saft 1 Zitrone
	Saft 1 Orange
120 g	Joghurt

FÜR DIE VERZIERUNG:

2 EL	Zitronensaft
150 g	Puderzucker
etwas	Schale 1 Zitrone
etwas	Schale 1 Orange

Rum-Trauben-Nuss-Muffins

ZUBEREITUNG:

Den Backofen auf 180 °C (Umluft 160 °C, Gas Stufe 2) vorheizen. Das Muffin-Backblech einfetten oder mit Papierbackförmchen auslegen.

Die Schokolade klein hacken. In einer großen Schüssel das Mehl, das Haselnussmehl, das Backpulver, das Natron und die Schokolade mischen. In einem Topf die Butter bei geringer Hitze schmelzen und etwas abkühlen lassen.

In einer weiteren Schüssel das Ei leicht verquirlen und mit den Rumrosinen, dem Zucker, der Buttermilch und der leicht abgekühlten geschmolzenen Butter verrühren. Die feuchten Zutaten zu den trockenen geben und vorsichtig unterheben.

Den Teig in die Muffinform geben und auf der mittleren Backofenschiene 20–25 Minuten backen. Die Muffins noch etwa 5 Minuten im Backblech ruhen lassen, dann vorsichtig auf ein Kuchengitter geben und auskühlen lassen.

Für die Verzierung den Puderzucker und den Rum verrühren und auf die Muffins streichen.

TIPPS: Rumrosinen können Sie ganz einfach selbst herstellen. Legen Sie dazu in einer Schale über Nacht 100 g Rosinen in 40 ml Rum ein.

Wenn Sie für Kinder das Rezept ohne Alkohol zubereiten möchten, verwenden Sie Trauben-Nuss-Schokolade. Ersetzen Sie die Rumrosinen durch die gleiche Menge Rosinen und 2 EL Zitronensaft sowie den Rum für den Guss ebenfalls durch Zitronensaft.

ZUTATEN FÜR 12 MUFFINS:

100 g	Rum-Trauben-Nuss-Schokolade
200 g	Weizenmehl Type 405
50 g	gemahlene Haselnüsse
1 1/2 TL	Backpulver
1/2 TL	Natron
100 g	Butter
1	Ei
100 g	Rumrosinen
100 g	Rohrzucker
100 ml	Buttermilch

FÜR DIE VERZIERUNG:

150 g	Puderzucker
3 EL	Rum

Silvesterhüte

ZUBEREITUNG:

Den Backofen auf 180 °C (Umluft 160 °C, Gas Stufe 2) vorheizen. Das Muffin-Backblech fetten.

In einer großen Schüssel das Mehl, das Backpulver, das Natron, die Mandeln und den Zimt gründlich miteinander mischen.

Die Eier trennen und das Eiweiß steif schlagen. Die vorgekochten Kartoffeln durch ein Sieb in eine Schüssel drücken und mit dem Eigelb, der weichen Butter, dem Zucker und den kleingeschnittenen Mandarinen verrühren. Die feuchten Zutaten zu den trockenen geben, das Eiweiß zufügen und vorsichtig unterheben.

Den Teig in die Muffinform geben und auf der mittleren Backofenschiene 20–25 Minuten backen. Die Muffins noch etwa 5 Minuten im Backblech ruhen lassen, dann vorsichtig auf ein Kuchengitter stürzen und auskühlen lassen.

Für die Verzierung je nach Wunsch mit Zucker- oder Schokoladenglasur verzieren. Für die Zuckerglasur den Puderzucker, den Mandarinensaft und evtl. etwas Lebensmittelfarbe verrühren, die Muffins überziehen und mit den Zuckerperlen verzieren. Für den Schokoladenüberzug weiße oder dunkle Kuvertüre im Wasserbad schmelzen, die Muffins überziehen und mit den Zuckerperlen verzieren.

TIPP: Mit Bändchen, Bast, Schokoplättchen, Kleeblättern oder anderen Glücksbringern verziert erhalten Sie tolle Silvesterdekorationen oder Neujahrsgeschenke.

ZUTATEN FÜR 12 MUFFINS:

150 g	Weizenmehl Type 405
1 TL	Backpulver
1 TL	Natron
100 g	gemahlene Mandeln
½ TL	Zimt
3	Eier
100 g	Butter
150 g	Zucker
180 g	Mandarinen aus der Dose
250 g	mehlig kochende Kartoffeln

FÜR DIE VERZIERUNG:

150 g	Puderzucker
3–4 EL	Mandarinensaft
	evtl. Lebensmittelfarbe nach Geschmack
	oder/und: 100–200 g Zartbitter-, und/oder weiße Kuvertüre
	Zuckerperlen

Sweet dreams

5-Minuten-Kuchen für zuhause und Büro

über 200.000 verkaufte Exemplare

Eine Tasse, eine Mikrowelle und fünf Minuten Zeit. Dazu ein paar leckere Zutaten von Ahornsirup bis Räucherlachs, von Erdnussbutter bis Sesamsaat und fertig sind die angesagten süßen und herzhaften Mug Cakes, die gerade die Herzen der Hobbybäcker(innen) im Sturm erobern. Das liebevoll gestaltete und preisgünstige Buch ist das ideale Geschenk für Backfans!

89 Seiten, zahlreiche Farbfotos, 210 x 210 mm, gebunden

EUR 9,99

ISBN 978-3-86852-987-6

Nutella ist Kult, doch die beliebte Nuss-Nougat-Creme kann weit mehr als nur als Brotaufstrich das Frühstück zu versüßen. Diese vielseitigen Rezepte werden auch Sie überzeugen - von Mandelbiskuits mit flüssiger Nutella-Füllung bis zu Honig-Crêpes mit Nutella-Eis.

64 Seiten, ca. 30 Farbfotos, 145 x 190 mm, in dekorativer Geschenkform

EUR 7,99

ISBN 978-3-86852-552-6

Unsere Bücher erhalten Sie im Buchhandel und unter www.heel-verlag.de